© 2014 Publicações Pão Diário
Todos os direitos reservados.

Todos os artigos são adaptados das meditações do Pão Diário.

As citações bíblicas são extraídas da edição Nova Tradução da Linguagem de Hoje © 2005 Sociedade Bíblica do Brasil.

Escritores:
Chia Poh Fang, Connie Cheong, Chung Hui Bin, Lillian Ho, Khan Hui Neon, Catherine Lee, Sim Kay Tee, Mary Soon, Song Shuling, Stephanie Tan, Tham Han Xim, Yong Soo Li

Tradutores:
Cordélia Willik, Lilian Steigleder Cabral

Editores:
Alyson Kieda, Rita Rosário, Thais Soler

Desenho gráfico:
Narit Phusitprapa, Day Day, Mary Tham, Audrey Novac Ribeiro

Diretor de arte:
Alex Soh

Modelos ilustrativos:
King's Kid, Educational Toys & Decorations, Chang Mai, Thailand

Publicações Pão Diário
Caixa Postal 4190,
82501-970, Curitiba/PR, Brasil
publicacoes@paodiario.org
www.publicacoespaodiario.com.br
Telefone: (41) 3257-4028

Código: HK939
ISBN: 978-1-60485-914-0

2.ª impressão: 2016
3.ª impressão: 2020

Impresso na China

Nas próximas páginas, você verá que Jesus é Rei. Ele nos ama muito mais do que podemos imaginar. Ele se importa conosco e perdoa as coisas erradas que fazemos.

Jesus viveu aqui na Terra como qualquer um de nós, mas Ele morreu por nossos pecados e voltou a viver novamente. Ele fez isso pensando em cada um de nós. Uma das maneiras de agradecer por esses atos de amor é aprender que devemos demonstrar amor às outras pessoas.

Para aproveitar bem esta leitura, siga estes quatro passos fáceis e divertidos.

Passo 1: Uma vez por semana, invista o seu tempo nesta leitura e no texto bíblico indicado.

Passo 2: Torne a Palavra de Deus parte de sua vida. "Para memorizar" e os passatempos serão um bom começo. Há melhor maneira de memorizar a Bíblia?

Passo 3: Reforce a lição, permitindo que a criança "Experimente" por meio das simples brincadeiras ou atividades. Grandes e pequenos, observem as instruções!

Passo 4: Encoraje a vida de oração, ajudando a criança a conversar sobre as lições aprendidas com o texto bíblico. "Falando sobre" traz as ferramentas úteis para tal aprendizado.

Deus deseja que Seus filhos aprendam a conhecê-lo melhor e que correspondam ao Seu amor. Que as *faíscas* deste livro abrilhantem o seu relacionamento com Deus e com os outros.

Jesus é o rei

Na Bíblia, Deus disse ao Seu povo: O seu Rei virá montado num jumento. Quando Jesus entrou na cidade montado sobre um jumento, todos vieram para vê-lo. Deus tinha enviado o Seu Rei, Jesus. Ele veio para derrotar o pecado com a Sua morte na cruz. As crianças o viram, creram e exclamaram: "Hosana ao Filho de Davi." Jesus é o Rei, e Ele morreu para perdoar os seus pecados. Você acredita?

Leitura: Mateus 21:1-11,14-17
'Ouça as crianças' de Pão Diário

Para memorizar

Para encontrar o versículo, elimine os espaços com as palavras que contêm as letras "j" e "b".

Será que vocês nunca	bananas	leram a passagem	bolo
joelho	das Escrituras Sagradas	janela	que diz:
"Deus ensinou	jacaré	as crianças e as criancinhas	jogo
a oferecerem	bicicleta	borboleta	o louvor perfeito"?

Mateus 21:16

Experimente!

A fé da criança

Vou pedir à mamãe ou papai para lermos Marcos 10:13-16. Vou levantar minha mão e gritar "Hosana ao Filho de Davi!" quando ouvir as palavras *crianças* ou *criancinhas*.

A fé da criança

Você sabe o que Deus quer que você faça? Ele quer que você acredite no que Ele diz em Sua Palavra. Todas as crianças podem crer. Deus ficará feliz quando você crer.

Falando sobre

Você acredita no que Deus diz sobre o Seu Filho Jesus? Se sim, faça uma oração e lhe agradeça agora.

Demonstre amor

Demonstramos o nosso amor aos outros em diferentes momentos e diversas maneiras. As melhores maneiras e momentos surgem quando estamos juntos. Quando Maria esteve com Jesus, ela demonstrou o seu amor por Ele. Certo dia, quando Jesus estava jantando na casa de Simão, Maria derramou um perfume caro sobre a cabeça de Jesus. Ela demonstrou-lhe o quanto o amava, enquanto Ele estava presente. Demonstre ainda hoje o seu amor fazendo algo legal às pessoas.

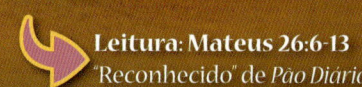

Leitura: Mateus 26:6-13
"Reconhecido" de *Pão Diário*

Para memorizar

Para colocar o versículo na ordem correta, organize os corações do menor para o maior.

- e ela será lembrada.
- será contado o que ela fez,
- o evangelho for anunciado,
- Em qualquer lugar

Mateus 26:13

Experimente!

Amor em ação

Vou surpreender minha mãe e meu pai. Farei algo bom para eles. Vou dar-lhes um abraço, talvez fazer um desenho ou ainda contar uma piada para eles rirem bastante.

Amor em ação

O amor vem de Deus. O amor pode ser praticado em todos os momentos. É só fazer algo de bom para alguém imediatamente. Olhe à sua volta. Você já encontrou alguém a quem você pode demonstrar o amor de Deus? Vamos começar?

Falando sobre

Converse com a criança sobre as maneiras de demonstrar o amor de Deus a alguém ainda hoje.

Servindo como Jesus

Uma noite, após o jantar, Jesus começou a lavar os pés dos Seus discípulos. Um dos discípulos chamava-se Judas, e ele não amava Jesus. Judas queria prejudicá-lo.
Mesmo assim, Jesus lavou os pés dele. Jesus quer que sigamos o Seu exemplo e que estejamos dispostos a servir a todos, não só os nossos amigos e familiares. Você seguirá o exemplo de Jesus e irá servir alguém hoje?

Leitura: João 13:1-8,12-15
"Os pés de Judas" de *Pão Diário*

Para memorizar

Combine cada par de sapatos com a pessoa que o usaria. Decifre o versículo dizendo a palavra que acompanha cada par de sapatos.

Pois eu 👞 o 👟 para que 👠 👢 o que eu 👟. João 13:15

Experimente!

Pronto para ajudar

Hoje, vou pedir para mamãe sentar-se numa cadeira. Depois, vou ajudá-la a tirar seus sapatos ou chinelos. Vou lavar os seus pés e depois passar um creme com muito carinho. Vou fazer o mesmo para o papai.

Pronto para ajudar

Você está surpreso por Jesus ter lavado os pés de Judas — alguém que mais tarde iria traí-lo?

Geralmente, nós ajudamos apenas as pessoas que conhecemos e amamos. Mas Jesus é diferente, pois ajuda a todos porque quer. Não lhe importa quem seja. Você está disposto a seguir o exemplo de Jesus?

Falando sobre

O desejo de ajudar aos outros surge no coração. Quando decidimos ajudar o próximo, não precisamos escolher a quem devemos ajudar. Só precisamos estender as mãos. Pergunte à criança se ela está disposta a ajudar aos outros.

Obedecendo a Deus

Nem sempre é fácil obedecer a Deus. Queremos fazer só o que preferimos. Jesus queria obedecer a Deus porque Ele ama o Seu Pai. Mas quando Deus pediu a Jesus para fazer algo muito difícil — morrer na cruz por você e por mim — Jesus teve que escolher entre seguir o Seu próprio caminho ou o caminho de Deus. No final, Jesus escolheu obedecer o Pai. Você também escolherá com alegria obedecer a Deus, mesmo se for difícil?

Leitura: Mateus 26:36-46
"Quem está vencendo?" de *Pão Diário*

Para memorizar

Ligue cada linha a um balão. Cada balão contém uma parte do versículo. Reescreva o versículo nos espaços corretos.

Balões:
- a tua vontade
- Eu tenho prazer
- ó meu Deus!
- em fazer

1. _____
2. _____
3. _____
4. _____

Salmo 40:8

Experimente!

Siga e obedeça

Vou enumerar as tarefas que meus pais me pediram para cumprir hoje, por ordem de dificuldade (a primeira será a mais difícil).

Exemplo:
1. Devo comer a salada.
2. Devo terminar a lição de casa antes de brincar.
3. _____
4. _____
5. _____

Siga e obedeça

Seus pais, alguma vez, já lhe pediram para fazer algo que você não queria fazer? Você os obedeceu? Se você acredita que seus pais sabem mais, deveria obedecê-los mesmo sem concordar com eles. Acontece o mesmo com a obediência a Deus. É melhor obedecê-lo sempre.

Falando sobre

Compartilhe com a criança uma experiência que demonstre como obedecer a Deus nem sempre é fácil, mas é sempre a melhor decisão.

Jesus pode nos perdoar

Às vezes, cometemos erros sem saber como são horríveis. Foi o que aconteceu com as pessoas cruéis que mataram Jesus. Alguns o insultaram e cuspiram nele. Os soldados o chicotearam e colocaram uma coroa de espinhos sobre a Sua cabeça. Eles pregaram Suas mãos e pés sobre a cruz de madeira. Mesmo assim, antes de morrer, Jesus pediu a Deus que os perdoasse. Não importa quais os erros que você cometeu, Jesus pode perdoar se você lhe pedir.

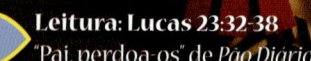

Leitura: Lucas 23:32-38
"Pai, perdoa-os" de *Pão Diário*

Para memorizar

Decifre o versículo e preencha os espaços:

Então _____ disse: "Pai, _____ esta gente! Eles _____ o _____ estão _____."

Lucas 23:34

Dicas:

que · não sabem · Jesus · fazendo · perdoa

Experimente!

O Cabeça de Ovo

Para colorir!

O Cabeça de Ovo

*Certo dia o Cabeça de Ovo
sobre um muro se sentou.
Mas caiu — tibumba! —
um belo tombo levou.
Nem todos os cavaleiros do rei,
nem os seus cavalos,
puderam colocar o Cabeça de Ovo
de volta em seu lugar.*

Às vezes, nos sentimos assim após fazer alguma coisa errada. Mas Jesus pode consertar nossos corações e colocar tudo em ordem, se lhe pedirmos perdão. Você precisa pedir perdão para Jesus?

Falando sobre

É maravilhoso saber que Jesus pode perdoar todos os nossos pecados — sejam eles grandes ou pequenos. O perdão de Deus demonstra o quanto Ele nos ama. Quando somos perdoados, podemos viver sem sentir vergonha. Louvado seja Deus!

Você crê?

Jesus foi crucificado entre dois ladrões. Um deles zombou de Jesus. Ele não acreditou que Jesus era o Filho de Deus, nem que Ele veio para morrer por nós e para nos levar ao céu com Ele. O outro ladrão acreditou em Jesus, e Ele lhe disse: "Hoje você estará comigo no paraíso." Ao acreditarmos em Jesus, iremos para o céu após a morte. Você crê em Jesus?

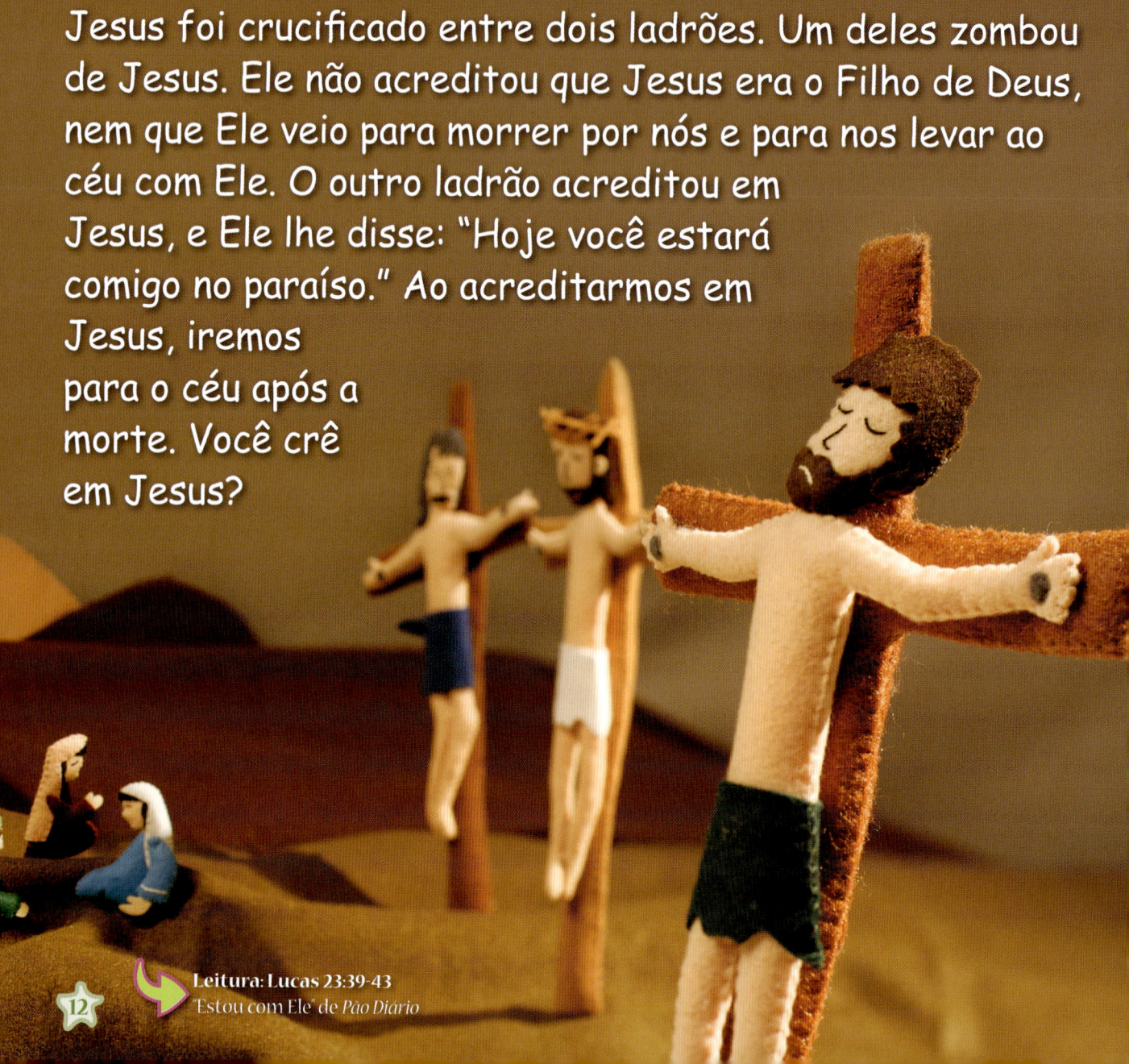

Leitura: Lucas 23:39-43
"Estou com Ele" de *Pão Diário*

Para memorizar

O versículo está escondido no caça-palavras. Procure as palavras no versículo e pinte. Algumas já foram feitas para você. Mas seis ainda estão faltando. Encontre-as.

```
A W E P JESUS Q I U T R L R RESPONDEU:
B B B M J U EU P P P C X Z R T Y T Y W Q A E
A F I R M O R H R T A G G VOCÊ B N N N Q U E
O O ISTO U Y U Y É F F F D D VERDADE:
O P O P O P W Q Y U T T HOJE B B V Y T R P L
P L Ç A Z VOCÊ L K L K S R S ESTARÁ I K J N I
COMIGO Q Q J K O L A H E N S P P A P W Q R
NO P L Ç S U R I L B V M M V I R U O PARAÍSO.
```

Lucas 23:43

Experimente!

A única chave

A porta da casa está trancada. Para abri-la e entrar em casa, preciso usar a chave certa. Meus pais têm um molho de chaves. Qual é a chave que abre?

A única chave

Como entramos numa sala trancada? Precisamos da chave certa. Como entramos no céu? Precisamos da chave certa também! Sabe qual é a chave que abre a porta do céu? Jesus.

Quando você acredita em Jesus e no que Ele diz sobre si, Jesus se torna a sua chave para o céu.

Falando sobre

O céu é um lugar maravilhoso, pois é a morada de Deus. Você quer ir para o céu? Se você quiser, vai precisar aceitar Jesus no coração, como seu Salvador. Ore e diga isso a Ele.

Jesus está vivo

Jesus morreu e foi sepultado. Seus inimigos tinham medo que os seguidores de Jesus levassem Seu corpo e depois dissessem que Ele tinha ressuscitado dos mortos. Por esse motivo, colocaram guardas ao redor do túmulo para evitar que isto acontecesse. Mas foi em vão. Na manhã de domingo, Jesus ressuscitou dentre os mortos. Ninguém conseguiu impedir. Ainda hoje, muitas pessoas dizem que Jesus não ressuscitou dentre os mortos. Mas Ele está vivo! Você crê?

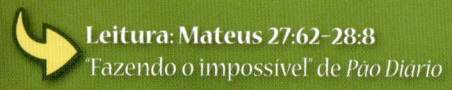

Leitura: Mateus 27:62-28:8
"Fazendo o impossível" de *Pão Diário*

Para memorizar

Encontre cinco palavras espalhadas pelo campo e use-as para completar o versículo.

Mateus 28:6

Mas _____ não está _____;
já foi _____ como _____
_____.

morto · ressuscitado · dito · ele · tinha

Experimente!

Jesus está vivo

Veja como fazer o túmulo de Jesus:

- Pintar de marrom a parte de baixo de um prato de papelão, e a parte de cima pintar de preto.
- Cortar ao meio.
- Colar a parte redonda das duas bordas uma na outra.
- Recortar no meio o formato de uma porta
- Colar a figura de um anjo sobre o vão da porta.
- Fazer uma pedra de bola de papel para cobrir a entrada do túmulo.
- Ao retirar a pedra, vou lembrar o que o anjo disse: "Ele ressuscitou!"

Jesus está vivo

Você já tentou fazer alguma coisa impossível? Manter Jesus no túmulo foi impossível. Muitas pessoas ainda tentam e falham. Mas nada que alguém possa dizer ou fazer poderia desmentir que Jesus ressuscitou. Ele está vivo!

Falando sobre

A Bíblia diz que Jesus ressuscitou dentre os mortos. Muitos dos Seus seguidores o viram vivo. Ele pode viver em nós quando o convidamos para entrar em nosso coração. Oriente a criança para convidar Jesus a entrar em seu coração.

Faíscas

Nestas páginas, a morte de Cristo por nós e o perdão dos nossos pecados são apresentados como grandes atos de amor dele para conosco. As crianças são incentivadas a refletir sobre estes atos que são o que há de mais precioso nesta vida.

Os conceitos de obediência e de amor e serviço ao próximo são introduzidos nas histórias e atividades. Eles certamente contribuirão para que a vida dos pequeninos seja estruturada segundo os valores divinos.

HK939

203,2mm x 203,2mm | 16 páginas
Capa: cartão 250gsm C2S
Miolo: papel couche 105g/m²
Impresso por China King Yip (Dongguan) Printing & Packaging Fty. Ltd.
IMPRESSO NA CHINA

IMPORTADOR: Ministérios Pão Diário
R. Nicarágua, 2128
82515-260 Curitiba/PR, Brasil
CNPJ 04.960.488/0001-50

Publicações Pão Diário

ISBN 978-1-60485-914-0

9 781604 859140

Infantil 5–7 anos

Faíscas

Meu presente de Natal

4

Nasceu uma criança
que será o nosso rei.
—Isaías 9:6